¡Conocimiento a tope!

Artes en acción

Creando cómics

Robin Johnson

Traducción de Pablo de la Vega

CRABTREE
PUBLISHING COMPANY
WWW.CRABTREEBOOKS.COM

Objetivos específicos de aprendizaje:

Los lectores:

- Entenderán qué son los cómics.
- Describirán el proceso para hacer un cómic.
- Explicarán cómo palabras e imágenes pueden combinarse para contar una historia.

Palabras de uso frecuente (primer grado) ayuda(n), con, este, hacer, ponen, puede(n), que, tiene(n)	**Vocabulario académico** ambientación, artista, computador, diálogo(s), personaje, trama

Estímulos antes, durante y después de la lectura:

Activa los conocimientos previos y haz predicciones:

Da ejemplos a la clase de tiras cómicas y libros de cómics familiares y muéstraselos. Pregunta cuántos de ellos leen cómics y cuáles son sus favoritos. Luego pregúntales cómo las historias contadas a través de cómics son diferentes de las de otro tipo de libros.

Muestra en alto *Creando cómics*. Pide a un voluntario que te explique lo que significa la palabra «crear». Luego pide a los niños que adivinen los pasos que hay que seguir para hacer un cómic. Anota sus respuestas en la pizarra. Diles que las leerán de nuevo una vez que hayan terminado de leer el libro.

Durante la lectura:

Después de leer la página 5, dirige la atención de los niños a la tira cómica de los perros. Pregunta:

- ¿Qué información haría falta si sólo tuviera palabras?
- ¿Qué información haría falta si sólo tuviera imágenes?

Después de la lectura:

Pide a los niños que relean sus suposiciones sobre los pasos para hacer un cómic. ¿Qué les hizo falta? ¿Qué pasos estaban en desorden? Crea una nueva lista que muestre todos los pasos en el orden correcto.

Author: Robin Johnson

Series development: Reagan Miller

Editors: Bonnie Dobkin and Janine Deschenes

Proofreader: Melissa Boyce

STEAM notes for educators: Bonnie Dobkin

Guided reading leveling: Publishing Solutions Group

Cover and interior designs: Samara Parent

Photo research: Robin Johnson and Samara Parent

Print coordinator: Katherine Berti

Translation to Spanish: Pablo de la Vega

Edition in Spanish: Base Tres

Photographs:
Alamy: Les Breault: p. 5 (b); Marka: p. 7 (t); Photo 12: p. 7 (b); Art Directors & TRIP: p. 8-9; Newscom: p. 16, thelittlegreyartist: p. 17 (bl); Greg Balfour Evans: p. 20
iStock: 2thirdsphoto: p. 4; Mediaphotos: p. 17 (t); portishead1: p. 17 (br), p. 18 (l)
Shutterstock: Sunshine Seeds: title page; Olga Popova: p. 6 (tl, bl); Wantanddon: p. 6 (br); Oldrich: p. 6 (br); Oksana Klymenko_ But: p. 10; Catwalker: p. 12; Yackers1: p. 14, p. 21 (b); Savusia: p. 18 (r); ramlen salleh: p. 21 (t)
Wikimedia: public domain: p. 9 (tr)

All other photographs by Shutterstock

Library and Archives Canada Cataloguing in Publication

Title: Creando cómics / Robin Johnson ; traducción de Pablo de la Vega.
Other titles: Creating comics. Spanish
Names: Johnson, Robin (Robin R.), author. | Vega, Pablo de la, translator.
Description: Series statement: ¡Conocimiento a tope! Artes en acción | Translation of: Creating comics. | Includes index. | Text in Spanish.
Identifiers: Canadiana (print) 20200296434 | Canadiana (ebook) 20200296442 | ISBN 9780778782803 (hardcover) | ISBN 9780778783121 (softcover) | ISBN 9781427126269 (HTML)
Subjects: LCSH: Comic books, strips, etc—Authorship—Juvenile literature. | LCSH: Comic books, strips, etc—Technique—Juvenile literature. | LCSH: Comic books, strips, etc—Juvenile literature.
Classification: LCC PN6710 .J6418 2021 | DDC j741.5/1—dc23

Printed in the U.S.A./102020/CG20200914

Library of Congress Cataloging-in-Publication Data

Names: Johnson, Robin (Robin R.) author. | Vega, Pablo de la. translator.
Title: Creando cómics / Robin Johnson ; traducción de Pablo de la Vega.
Other titles: Creating comics. Spanish
Description: New York : Crabtree Publishing Company, [2021] | Series: ¡Conocimiento a tope! - artes en acción | Includes index.
Identifiers: LCCN 2020032757 (print) | LCCN 2020032758 (ebook) | ISBN 9780778782803 (hardcover) | ISBN 9780778783121 (paperback) | ISBN 9781427126269 (ebook)
Subjects: LCSH: Comic books, strips, etc.--Authorship--Juvenile literature. | Comic books, strips, etc.--Technique--Juvenile literature. | CYAC: Cartoons and comics--Authorship--Juvenile literature.
Classification: LCC PN6710 .J6418 2021 (print) | LCC PN6710 (ebook) | DDC 741.5/1--dc23
LC record available at https://lccn.loc.gov/2020032757
LC ebook record available at https://lccn.loc.gov/2020032758

Índice

Crabtree Publishing Company
www.crabtreebooks.com   1-800-387-7650

Published in Canada
Crabtree Publishing
616 Welland Ave.
St. Catharines, Ontario
L2M 5V6

Published in the United States
Crabtree Publishing
347 Fifth Ave
Suite 1402-145
New York, NY 10016

Published in the United Kingdom
Crabtree Publishing
Maritime House
Basin Road North, Hove
BN41 1WR

Published in Australia
Crabtree Publishing
Unit 3 – 5 Currumbin Court
Capalaba
QLD 4157

¿Qué es un cómic?

Un cómic es una serie de dibujos que cuentan una historia. Un cómic puede contar cualquier tipo de historia. Algunos cómics cuentan historias divertidas. Otros cuentan aventuras.

La mayoría de los cómics cuentan una historia usando palabras e imágenes.

Algunos cómics son muy cortos. Se llaman tiras cómicas.
Usualmente las encuentras en los periódicos.

Algunos cómics cuentan historias más largas.
Se llaman libros de cómics, tienen muchas páginas.

Contando historias

Algunos artistas han estado contando historias a través de cómics por más de 100 años. Como cualquier cuento, los cómics tienen **personajes** y **ambientaciones** coloridos. Tienen **tramas** interesantes.

Los superhéroes han aparecido en cómics desde 1930. Son personajes con poderes especiales.

Daniel el travieso es una tira cómica que comenzó en 1951. ¿Qué piensas que está pasando en esta imagen?

La ambientación del cómic *Peanuts* es un juego de béisbol durante el verano. La ambientación marca el momento y el lugar de una historia.

Palabras e imágenes

Una tira cómica está hecha de cuadros llamados viñetas. Cada viñeta contiene un dibujo que muestra un pedazo de la historia. Las viñetas también tienen palabras y **leyendas** que ayudan a contar la historia.

Los globos de diálogo muestran lo que los personajes dicen.

¡GARFIELD! ¿CÓMO PUDISTE SIQUIERA PENSAR EN REGALAR A ODIE?

LA INTENCIÓN ES LO QUE CUENTA, JON.

Algunas viñetas muestran un escenario. El escenario nos dice dónde sucede la historia.

YA CASI ESTAMOS DE VUELTA EN LA GRANJA, CHICOS.

CASI PUEDO OLER EL RELLENO DE CASTAÑAS DE MAMÁ EN EL HORNO.

Algunas viñetas tienen primeros planos del rostro de un personaje. Un primer plano muestra cómo se siente el personaje.

Una burbuja de pensamiento nos dice qué piensa un personaje. Usualmente tiene la forma de una nube.

¡DE PRONTO, LA CALLE ESTÁ LENA DE GENTE ENOJADA!

¡CARAY! ¿DE DÓNDE SALIÓ TODA ESTA GENTE?

Una leyenda como esta ayuda a explicar lo que sucede.

SNIFF SNIFF

NO ES ESO LO QUE HUELO.

LLEGAMOS, CHICOS.

TOC. TOC

FELIZ NAVIDAD, MAMÁ.

Algunas viñetas tienen efectos de sonido. Un efecto de sonido es una palabra que describe un ruido.

Viñetas en serie

Los artistas de cómics colocan las viñetas una tras otra para contar una historia. La mayoría de las tiras cómicas están hechas de viñetas cuadradas colocadas en una misma línea.

Esta artista de cómics colocó varias viñetas una tras otra para crear una tira cómica.

Los libros de cómics también tienen viñetas.
Pueden ser de distintos tamaños y formas.
Las viñetas llenan muchas páginas.

La mayoría de los libros de cómics tienen docenas
de viñetas. Muchos tienen más de 20 páginas.

Lo básico

Cada tira cómica comienza con una idea. Puede ser un valiente superhéroe que salva al mundo. Puede ser un gato perezoso que adora comer lasaña. Luego, un artista de cómics o un equipo se ponen a trabajar para crear el cómic.

Un artista tuvo la idea de crear a Garfield, el gato, en 1976. ¡Aún hace reír a la gente!

Los artistas pueden hacer **bocetos** de sus ideas conforme trabajan.

Escritores y artistas trabajan en equipo con frecuencia para obtener ideas para hacer libros de cómics.

Planeando el cómic

Escritores y artistas deben planear la historia antes de dibujar. Comienzan con un **guión**. Un guión describe los personajes, ambientación y trama. También incluye lo que los personajes dirán.

Un guión muestra todos los sucesos y diálogos de una historia. El diálogo es lo que los personajes dicen.

Luego, los escritores y los artistas hacen un bosquejo para decidir qué irá en cada viñeta. Un bosquejo es un plan de trabajo sobre cómo se verá el cómic.

Artistas y escritores suelen trabajar en equipo para hacer los bosquejos.

Este bosquejo muestra el plan de trabajo de una historia sobre una niña y su familia.

Dibujando las imágenes

Después, un artista de cómics dibuja las imágenes que irán con el guión. El artista usa lápiz y papel o un computador para hacer bocetos. Luego, el artista repasa los trazos en lápiz con tinta negra.

Los artistas usan lápices o computadores para hacer bocetos y poder hacer cambios fácilmente.

Este artista está usando un computador para dibujar un cómic.

Este dibujo de manga está casi listo. El manga es un estilo japonés de cómic.

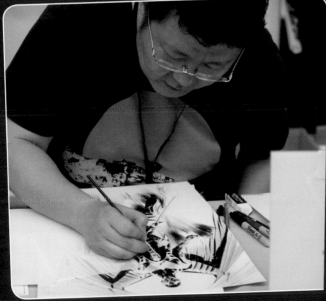

Este artista usa un pincel para agregar tinta a unos bocetos.

Últimos pasos

Algunos artistas agregan color a sus dibujos. El color puede hacer que un cómic se vea divertido o dé miedo o sea emocionante. Luego, el artista agrega leyendas y otras palabras que ayudan a contar la historia. Por último, un **editor** revisa con cuidado el cómic para evitar errores.

Los artistas usan bolígrafos, pinturas o computadores para agregar color a su trabajo.

¡VAMOS, CHICOS! ¡AL PARQUE!

Los colores brillantes pueden mostrar sentimientos de felicidad o entusiasmo. Los colores oscuros pueden mostrar sentimientos de tristeza. ¿Cómo te hace sentir este cómic colorido?

¿Cómo cambia este personaje de un cómic dependiendo del color?

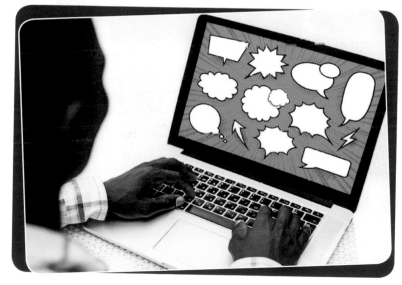

Las palabras en los globos de diálogo son, comúnmente, lo último que se añade a un cómic.

¡Lee todo al respecto!

Después de que un cómic es creado, es impreso. Puedes ver tiras cómicas en periódicos y revistas. Puedes encontrar libros de cómics en tiendas. Los cómics también son compartidos en línea.

¡Puedes leer cómics prácticamente donde sea!

Este niño visita una librería de cómics.

La gente puede comprar cómics en reuniones llamadas **congresos**. También pueden ver a artistas creando cómics ahí.

Palabras nuevas

ambientaciones: sustantivo. Los momentos y lugares de una historia.

bocetos: sustantivo. Dibujos preliminares que muestran un plan de cómo debe quedar la imagen.

congresos: sustantivo. Reuniones de personas con los mismos intereses.

editor: sustantivo. Una persona cuyo trabajo es corregir y revisar una historia.

guión: sustantivo. El texto escrito de una historia.

leyendas: sustantivo. Palabras que describen lo que sucede en la imagen.

personajes: sustantivo. La gente de una historia.

tramas: sustantivo. Las historias principales de libros, cómics, obras de teatro, etc.

Un sustantivo es una persona, lugar o cosa.

Un verbo es una palabra que describe una acción que hace alguien o algo.

Un adjetivo es una palabra que te dice cómo es alguien o algo.

Índice analítico

Sobre la autora

Robin Johnson es una autora y editora independiente que ha escrito más de 80 libros para niños. Cuando no está trabajando, construye castillos en el aire junto a su marido, quien es ingeniero, y sus dos creaciones favoritas: sus hijos Jeremy y Drew.

Para explorar y aprender más, ingresa el código de abajo en el sitio de Crabtree Plus.

www.crabtreeplus.com/fullsteamahead

Tu código es: **fsa20**

(página en inglés)

Notas de STEAM para educadores

¡Conocimiento a tope! es una serie de alfabetización que ayuda a los lectores a desarrollar su vocabulario, fluidez y comprensión al tiempo que aprenden ideas importantes sobre las materias de STEAM. *Creando cómics* ayuda a los lectores a entender cómo la información es transmitida a través de imágenes y textos al mismo tiempo. La actividad STEAM de abajo ayuda a los lectores a expandir las ideas del libro para el desarrollo de habilidades artísticas y de lengua y literatura.

Creando un cómic

Los niños lograrán:
- Desarrollar ideas para una tira cómica.
- Crear un plan para su tira cómica.
- Usar palabras e imágenes para contar una historia.

Materiales
- Folleto «Haciendo una tira cómica».
- Plantilla de guión.
- Hoja de trabajo de tira cómica (2 por niño).
- Un lápiz y una pluma por niño.
- Lápices de colores o marcadores de punto fino.

Guía de estímulos
Después de leer *Creando cómics*, pregunta a los niños:
- ¿Cuáles son las partes de un cómic?
- ¿Por qué tanto las palabras como las imágenes son importantes en un cómic?

Actividades de estímulo
Di a los niños que tendrán la oportunidad de crear su propio cómic de tres viñetas. Distribuye el folleto «Haciendo una tira cómica». Lee en voz alta los pasos.

Recuerda a los niños que el primer paso es crear una idea para la historia. La idea debe incluir personajes, ambientaciones y una trama. (Quizá convenga que les des la opción de crear una tira usando personajes que les son familiares). Una vez que tengan la idea, pídeles que escriban su guión usando la plantilla de guión. Recuérdales que, como con cualquier historia, su tira cómica debe tener un inicio, un desarrollo y un final.

Cuando hayan terminado el guión, pídeles que creen un boceto de cómo se verá su cómic usando la hoja de trabajo de tira cómica. Anímalos a usar formas crudas y muñecos de palitos, y recuérdales que deben dejar espacio suficiente para los globos de diálogo. Diles que quizá tendrán que modificar el guión si su plan no funciona.

Cuando estén listos, los niños deberán hacer copias definitivas de la tira en la segunda hoja de trabajo. Esta vez el dibujo deberá ser tan detallado como puedan hacerlo. Si lo desean, pueden agregar líneas con tinta y colores, tal como lo haría un artista de cómics de verdad.

Extensiones
Expón las tiras cómicas a lo largo y ancho del aula. Pide a los niños que hagan un recorrido frente a ellas para leer lo que crearon sus compañeros.

Para ver y descargar la hoja de trabajo, visita **www.crabtreebooks.com/resources/printables** o **www.crabtreeplus.com/fullsteamahead** (páginas en inglés) e ingresa el código **fsa20**.